BOCADILLOS Y HAMBURGUESAS PRÉMIUM

BOCADILLOS Y HAMBURGUESAS PRÉMIUM

Amat editorial

© Profit Editorial I., S.L. 2017
   Amat Editorial es un sello editorial de Profit Editorial I., S.L.

Redacción: Maite Martín
Diseño y maquetación: David Anglés
Fotografías: Thinkstock
Realización: Atelier de Revistas S.L.

ISBN: 978-84-9735-995-5
Depósito legal: B 24172-2017
Primera edición: Noviembre, 2017
Impresión: Gráficas Rey, S.L.

Impreso en España / *Printed in Spain*

Sumario

Introducción

Los bocadillos están de moda. Si hubo una época en la que parecían un recurso fácil para los que no saben cocinar o un tentempié rápido, hoy en día están en primera línea gastronómica y cada vez más chefs se interesan por esta alta cocina en miniatura. Con pan de molde, de crujiente corteza o incluso de hogaza, los bocadillos prémium se están ganando a pulso un espacio de honor en la gastronomía.

Buena parte de esta moda por los bocadillos y hamburguesas de alta gama reside en el amplio abanico de sabores y texturas que superan con creces la oferta clásica. Los bocadillos ya no se rellenan con embutido o conservas, ni las hamburguesas se acompañan solo de cebolla y queso. Se abre un mundo de ingredientes insólitos y sorprendentes como el aguacate, el mango, el pesto rojo o la remolacha. Sabores que realzan el ingrediente principal y, en el caso de las hamburguesas prémium, aportan el contrapunto perfecto a carnes, pescados o legumbres.

Chapatas, flautas, barras, molletes y panecillos acogen en su interior un mundo de nuevos sabores, que seducen a los paladares más exigentes. En las siguientes páginas encontrarás recetas ligeras, ideales para cenas rápidas, y propuestas más elaboradas con las que sorprender a tus invitados. La alta cocina entra en tu casa de la mano de los bocadillos de alta gama y las hamburguesas prémium.

Bocadillos con historia

¿Sabías que los antiguos egipcios y sumerios ya comían algo parecido a un sándwich con su pan plano tradicional? En realidad, el *shawarma* turco es uno de los bocadillos más antiguos del mundo.

Como es obvio, los diferentes tipos de bocadillos tienen su origen muy ligado al descubrimiento del pan. En la América precolombina, las poblaciones indígenas elaboraban tortillas de maíz que rellenaban con carne. Este tipo de alimento se conoce desde la Prehistoria en África, Asia y especialmente en India, donde ya se hablaba de ellos en los primeros recetarios de la Humanidad.

Ya en el siglo xv los bocadillos, preparados con un «chusco» de pan y algo de fiambre, eran muy habituales en las campañas militares y fue en las guerras carlistas cuando se popularizó el bocadillo de tortilla de patatas y se acuñó la palabra «bocata».

En otros países europeos el bocadillo tiene variantes similares, como el panino italiano, los matahambres latinoamericanos o los sándwiches anglosajones.

En 1885, en Estados Unidos, un joven de quince años quiso encontrar una manera de que los clientes de su restaurante pudieran pasear por la feria mientras comían. Así fue como inventó la hamburguesa.

En Inglaterra, John Montagu IV, conde de Sandwich, jugaba a cartas cuando se le ocurrió colocar unas rodajas de rosbif entre dos rebanadas de pan para no interrumpir la partida. Pronto se popularizó entre la nobleza londinense y, aún hoy, no pueden faltar los tradicionales sándwiches a la hora del té.

BOCADILLOS FAMOSOS

Nueva York: Clubhouse Sándwich.
Carne de pavo, panceta, queso en lonchas, hojas de lechuga, tomate y mayonesa en pan de molde tostado.

Madrid: Bocadillo de calamares.
Calamares rebozados en harina y fritos en aceite de oliva con mayonesa aromatizada al ajo.

Tel Aviv: Bagels rellenos.
Este pan en forma de rosquilla suele rellenarse de lechuga, queso crema y salmón ahumado.

Buenos Aires: Choripán.
Chorizo criollo aderezado con salsa chimichurri.

París: Croque Monsieur.
El clásico sándwich de queso y jamón York rebozado en huevo.

Oporto: Francesinha.
Con salchichas de Frankfurt, embutidos e incluso carne de ternera.

Panes de todo tipo

Panecillos. Los hay de muchos tamaños, redondos o alargados. Son perfectos para preparar todo tipo de bocadillos.

Panecillos de Viena. La corteza es fina y la miga muy blanda. Ideales para niños.

Pan rústico. Se vende en hogazas y puede cortarse en rebanadas de diverso grosor.

Pan de pita. El típico «pan plano» de origen árabe, que se rellena y es muy cómodo para preparar bocadillos con muchos ingredientes diferentes.

Chapata. De origen italiano, tiene forma cuadrada y es suave por dentro y crujiente por fuera.

Pan negro. Elaborado con tinta de calamar, es una tendencia que llega del Este de Europa. Es ligero y digestivo.

Flauta. Barra larga y estrecha de unos 60 cm y ligeramente enharinada, de color tostado y corteza fina y crujiente. Ideal para preparar bocadillos pequeños.

Panecillos de hamburguesa. Redondos, blandos y salpicados con semillas de sésamo.

Pan de molde. Se hornea en latas alargadas, por lo que tiene forma cuadrada. Es muy blando, ideal para preparar sándwiches y tostadas.

Pan francés o baguete. El pan tradicional para preparar bocadillos. De miga muy tierna, la corteza es fina y delicadamente crujiente.

Mollete. Panecillos ovalados y poco cocidos. Son muy blandos y quedan perfectos tostados o a la plancha.

Todas las variedades de pan pueden encontrarse elaboradas en diferentes tipos de harina (integral, espelta, kamut), así como aderezadas con cereales en grano, semillas, frutos secos, queso o cebolla.

TIPOS DE PAN PARA CELÍACOS

Los celíacos o personas alérgicas al gluten no solo deben evitar el trigo: la espelta, el centeno, el kamut -y parece que la avena- también contienen esta proteína.

Las harinas que no llevan gluten son:

- ✓ *Arroz*
- ✓ *Maíz*
- ✓ *Quinoa*
- ✓ *Mijo*
- ✓ *Amaranto*
- ✓ *Trigo sarraceno (también llamado alforfón)*
- ✓ *Sorgo*
- ✓ *Teff*

El gluten es el responsable de la esponjosidad del pan. Para que los panes sin gluten tengan una consistencia suave, actualmente se emplea el almidón modificado de trigo, una especialidad que contiene muy poco gluten y es apto para personas celíacas.

Y dentro... ¿qué ponemos?

La variedad de alimentos que pueden usarse para rellenar un bocadillo es infinita, aunque en este libro hemos utilizado principalmente algunos grupos de ingredientes básicos en la elaboración de sándwiches de alta gama.

Hojas verdes y brotes
Lechuga, rúcula, col lombarda, espinacas frescas, berros, lechuga hoja de roble, escarola... Aportan la textura crujiente y refrescante al bocadillo.

Hortalizas y verduras
Pepino, tomate, maíz, cebolla, pimiento, berenjena asada, calabacín, remolacha, col, espárragos verdes o blancos, palmitos, setas, aguacate... Son las responsables del contraste de sabores con el ingrediente principal, aunque combinados entre sí también pueden ofrecer interesantes bocadillos veganos.

Carnes y fiambres
Beicon ahumado, ternera, lomo de cerdo, salchichas, rosbif, carne mechada, carne picada, pollo, pechuga de pavo, jamón de York, mortadela... El ingrediente que convierte un sencillo bocadillo en un plato completo.

Pescados
Atún, surimi (carne de cangrejo), gambas o langostinos cocidos, anchoas en salmuera, salmón ahumado... Una alternativa ligera a los clásicos embutidos y carnes.

Quesos
Feta, cheddar, lonchas de queso fundido, manchego, queso de bola, queso fresco, mozzarella, queso de untar a las finas hierbas, queso crema, queso azul, roquefort, queso de cabra, brie... La amplia variedad de quesos cremosos aporta untuosidad al bocadillo, mientras que los quesos más curados proporcionan un extra de sabor.

Embutidos
Jamón curado, salami, salchichón, chorizo, morcilla, butifarra blanca o negra, longaniza.... Clásicos en frío, son los básicos en bocadillos.

Salsas
Mostaza, mayonesa, kétchup, ajo y perejil, pesto, barbacoa, roquefort, curry, salsa rosa, salsa de remolacha... El aderezo básico para dar el toque final a la amalgama de ingredientes de los bocadillos más sofisticados.

Las 8 reglas imprescindibles de un bocadillo prémium

Hay muchas diferencias entre rellenar un pedazo de pan con embutido y preparar un delicioso bocadillo prémium. Algunos trucos se convierten en normas básicas para elaborar las mejores recetas:

1. **Tuesta el pan por una sola cara.** Esto hará que el bocadillo quede ligeramente crujiente por fuera y tierno por dentro. Algo especialmente interesante en panes blandos como el mollete.

2. **No abuses de la mantequilla.** En los sándwiches tostados no es necesario untar completamente el pan con mantequilla. Una pequeña cantidad será suficiente.

3. **Usa siempre más de un ingrediente.** La combinación de sabores y texturas es imprescindible para un bocadillo prémium.

4. **No te pases con el relleno.** Antes de prepararlo, piensa bien qué ingredientes vas a utilizar y hazlo en su justa medida.

5. **Utiliza un ingrediente untuoso.** Puede ser queso en crema o alguna salsa, incluso aceite de oliva virgen. En los sándwiches de pan de molde, las salsas ayudan a ligar el relleno.

6. **Añade siempre un ingrediente vegetal.** Lechuga, tomate, cebolla... Las hortalizas y verduras crudas garantizan un toque refrescante a la mezcla. Si eliges utilizarlas asadas, potenciarás aún más el contraste de sabores.

7. **Atrévete a innovar.** Una cucharada de mermelada, un toque de especias o un poco de provolone fundido pueden convertir una receta simple en alta cocina. Si buscas ideas, inspírate en las combinaciones de canapés y montaditos...

8. **Hecho al momento.** El punto justo de temperatura, el pan crujiente, la lechuga fresca... Conviene degustar estos bocadillos prémium justo después de prepararlos para que el sabor sea perfecto.

La hamburguesa de alta gama, la reina de los bocadillos

La hamburguesa ha dejado de estar encasillada en el *fast food* para entrar en las cartas de los grandes restaurantes. En los últimos años hemos asistido a una proliferación de establecimientos que tienen la mítica *burger* como receta estrella. ¿Qué hay que hacer para preparar una excelente hamburguesa prémium en casa?

1. **La carne.** La materia prima debe ser fresca y de primera calidad. Su peso ideal debería estar entre los 150 y los 200 gramos. Es importante que la carne picada quede compacta para asarla bien a la parrilla sin que se desmenuce.

2. **El tipo de pan.** Aunque el tradicional es el panecillo redondo con semillas de sésamo, también pueden utilizarse molletes, pan rústico o chapata.

3. **Los *toppings* o complementos.** Los tradicionales complementos de la hamburguesa, como la lechuga, el queso, el tomate o el beicon, se eligen de las variedades de mayor calidad. Cebolla caramelizada, tomate raff, panceta ibérica o queso con denominación de origen son buenos ejemplos de cómo convertir una receta en prémium.

4. **Las salsas.** Son imprescindibles en la elaboración de estas hamburguesas top: tártara, mostaza y miel, pesto rojo, mostaza a las hierbas aromáticas, de ajo confitado...

Cómo hacer hamburguesas vegetales

Las hamburguesas vegetales son una mezcla de verduras, legumbres y cereales a las que se les da la misma forma, redonda y aplanada, que a una hamburguesa de carne. Se pueden cocinar en la sartén, al horno o a la parrilla, como las tradicionales. Son una excelente opción para vegetarianos y veganos, ya que constituyen una fuente de proteínas de calidad, casi tantas como las que tendría un bistec.

A la hora de preparar las hamburguesas vegetales, usa un poco de harina o pan rallado para aglutinar las verduras y conseguir una masa compacta. Eso sí, la cantidad debe ser pequeña para que las hamburguesas sean jugosas. En lugar de harina también puedes usar **gluten de trigo**, ya que absorbe el agua y la masa queda elástica. Evita esta opción si alguno de los comensales es celíaco: en ese caso puedes utilizar un chorrito de leche vegetal para que la hamburguesa quede más jugosa.

Es importante elegir bien las **verduras** con las que elaborar una hamburguesa vegetariana prémium. Cebolla, cebolleta, ajo y puerro le darán sabor. Zanahoria y remolacha aportan un toque extra de color a las hamburguesas, al igual que los pimientos rojos, el boniato, la calabaza o el tomate.

Las **legumbres** cocidas y trituradas (sobre todo lentejas y garbanzos) dan como resultado deliciosas y jugosas hamburguesas. Su mayor ventaja es que quedan compactas sin necesidad de usar ingredientes extra.

Los **copos de avena o de trigo** suelen ser habituales en las hamburguesas veganas, ya que dan un toque crujiente muy agradable. Puedes preparar hamburguesas vegetales añadiendo distintos tipos de cereales, como la avena, la quinoa, el mijo o el maíz.

Los **frutos secos** se suelen usar en pequeñas cantidades para dar a la hamburguesa más sabor y textura. Se agregan a la masa antes de asarla, lo que permite degustar después trocitos tostados y crujientes llenos de sabor. Las más usadas son pipas de girasol o calabaza, nueces y almendras.

La **soja texturizada fina** es un ingrediente perfecto para hacer hamburguesas veganas. No aglomera ni espesa, así que es necesario mezclarla con otros ingredientes que sí lo hagan.

El **tofu** y el **seitán** son ingredientes también comunes en las hamburguesas vegetales. El tofu se desmenuza fácilmente y, aunque apenas aporta sabor, sí tiene una textura tierna y agradable. El seitán debe cortarse en trocitos pequeños o rallarse antes de añadirlo a la masa.

Las **especias** son imprescindibles para las hamburguesas. Desde las clásicas (perejil, albahaca, tomillo o romero) hasta mezclas exóticas a base de curry, cúrcuma o cilantro, transforman por completo el aroma y sabor de las hamburguesas elaboradas con ingredientes vegetales.

¿Y para acompañar?

Durante décadas, el acompañamiento habitual de los clásicos bocadillos ofrecía, en el mejor de los casos, unas patatas chip. Hoy, la tendencia gastronómica marca elegir la guarnición del bocadillo prémium con mucho más esmero.

Estas son algunas de las mejores ideas para acompañar los bocadillos prémium que proponemos en este libro:

Bol de ensalada
Puedes hacerla con hojas de roble y escarola, brotes tiernos y germinados. Prepara una vinagreta ligera para aderezarla.

Nachos con guacamole
Un acompañamiento perfecto para sándwiches ligeros, como los elaborados con pan de molde. También puedes servirlos con queso fundido y un poco de beicon frito.

Patatas asadas con salsa
Cortadas a gajos y doradas al horno, son mucho más ligeras que las tradicionales fritas. Acompáñalas de una mayonesa aromatizada al ajo o de una salsa de tomate y cebolla.

Verduras con romesco
Al estilo de la parrillada de verduras, puedes asar a la plancha rodajas de berenjena, zanahoria, calabacín y tomate, y servirlas con un poco de salsa romesco.

Crudités de verduras
Zanahoria, rábano y apio suelen ser las verduras más utilizadas para cortar en forma de bastoncitos y servir en crudo. Acompáñalas con una salsa de yogur o una mayonesa a las finas hierbas. O con esta deliciosa salsa de remolacha:

Ingredientes:

½ remolacha rallada
½ manzana rallada
2 cucharadas de cebolla picada
1 diente de ajo pelado y machacado
1 yogur natural
pimienta
sal

Tritura todos los ingredientes con la batidora eléctrica hasta conseguir una pasta homogénea.

Bocadillos y hamburguesas prémium

RECETAS

Bocadillo de jamón y rúcula

PREPARACIÓN

1 Abre el pan con un cuchillo de sierra.

2 Rocía la miga con un chorrito de aceite y sazona con una pizca de sal.

3 Coloca sobre el pan base el jamón serrano y unas hojas de rúcula.

4 Lava los tomates cherry, córtalos por la mitad y añádelos sobre la rúcula.

5 Termina con las mazorcas de maíz *baby* y cierra el bocadillo antes de servir.

INGREDIENTES

¼ barra de pan

50 g de jamón serrano

2 tomates cherry

3 mazorcas de maíz baby en conserva

hojas de rúcula

aceite de oliva virgen

sal

Un bocadillo ligero y sin grasas, perfecto para tomar incluso si sigues un régimen de adelgazamiento.

Bocadillo de carne de cangrejo

PREPARACIÓN

1 Corta el panecillo longitudinalmente con un cuchillo de sierra.

2 Corta la carne de cangrejo en trozos no muy pequeños y ponla en un bol.

3 Lava las hojas de lechuga y córtalas en trozos de unos 3 cm de ancho. Haz lo mismo con el tallo de apio, retirando las hojas.

4 Añade al bol el apio limpio y cortado. Agrega dos cucharadas de mayonesa y espolvorea con un poco de pimienta recién molida. Remueve bien.

5 Coloca sobre ambos lados interiores del bocadillo un poco de lechuga, rellena con la mezcla de cangrejo y cierra el pan.

INGREDIENTES

1 panecillo ovalado

50 g de surimi o carne de cangrejo

1 rama de apio

2 hojas de lechuga

2 cucharadas de mayonesa

pimienta negra

La carne de cangrejo o surimi es baja en calorías y rica en proteínas.

Sándwich Club con beicon

PREPARACIÓN

1 Lava la lechuga y córtala en tiras.

2 En una plancha, tuesta ligeramente las rebanadas de pan de molde por ambos lados.

3 Calienta una sartén antiadherente y tuesta el beicon hasta que esté crujiente.

4 Sobre una rebanada de pan, dispón un poco de lechuga con unas gotas de mayonesa y cúbrela con la loncha de jamón de York.

5 Tápalo con otra rebanada y pon encima unos dados de tomate y el beicon cortado en trozos.

6 Cúbrelo con la tercera rebanada tostada. Corta el sándwich en triángulos y sírvelo inmediatamente.

INGREDIENTES

3 rebanadas de pan de molde
1 hoja de lechuga
½ tomate
2 lonchas de beicon
1 loncha de jamón de York
1 cucharada de mayonesa

Este sándwich apareció por primera vez en 1894 en el Saratoga Club de Nueva York.

Bocadillo de pechuga de pavo

PREPARACIÓN

1 Corta la pechuga en lonchas finas o a tiras, como prefieras. Resérvala.

2 Prepara la mayonesa de ajo: vierte el aceite en el vaso de la batidora, añade el huevo, el diente de ajo pelado y una pizca de sal. Emulsiona a máxima velocidad sin mover la batidora del fondo del vaso para que no se corte, hasta que quede ligada.

3 Sobre una rebanada de pan, coloca unas hojas de canónigos y cubre con la mayonesa de ajo. Lava el tomate, córtalo en trozos y colócalo encima. Cúbrelo todo con los trozos de pechuga de pavo reservados.

4 Unta con un poco de mayonesa de ajo el interior de la otra rebanada de pan y cierra el bocadillo.

INGREDIENTES

2 rebanadas de pan de payés
  o de pueblo
½ pechuga de pavo asada
25 g de canónigos
1 tomate maduro
1 huevo
100 ml de aceite de oliva
1 diente de ajo
sal

También puedes aderezar este bocadillo de pavo con una mostaza ligera.

Molletes vegetales con jamón de York

PREPARACIÓN

1 Abre el mollete y tuéstalo durante un minuto.

2 Lava la lechuga y trocéala. Lava también el tomate y el pepino, y córtalos en rodajas finas.

3 Sobre la rebanada base, coloca una capa de lechuga, unas rodajas de tomate, otras de pepino y las dos lonchas de jamón.

4 Tapa el bocadillo.

INGREDIENTES

1 mollete
2 lonchas de jamón de York cortadas finas
½ pepino
½ tomate
1 hoja de lechuga

Tiernos y sabrosos, los molletes son ideales para los más pequeños.

Bocadillo de ternera

PREPARACIÓN

1   En una plancha con muy poco aceite, dora la carne hasta que esté bien cocida por fuera y al punto por dentro. Salpimenta.

2   Corta la baguete a la medida deseada para el bocadillo y ábrela con un cuchillo de sierra. Lava el tomate maduro y pártelo por la mitad. Frota el tomate abierto contra la miga del pan, rocía con aceite de oliva y sazona.

3   Lava el tomate y el pimiento. Corta el tomate en rodajas y el pimiento en tiras. Pela la cebolla y córtala en láminas finas.

4   Monta el bocadillo colocando en la base unas rodajas de tomate, láminas de cebolla, tiras de pimiento verde y la carne. Cierra el bocadillo con la parte superior del pan.

INGREDIENTES

½ baguete
200 g de carne de ternera
½ cebolla
½ tomate verde
½ tomate maduro
½ pimiento verde
aceite de oliva
pimienta
sal

Esta es una versión más completa del típico «pepito» de ternera.

Chapata de verduras asadas con feta

PREPARACIÓN

1 Precalienta el horno a 200 ºC.

2 Lava la berenjena y el pimiento. Pela la cebolla. Coloca las verduras en una fuente para horno y ásalas durante una hora y media, a 170 ºC.

3 Deja enfriar las verduras. Pela la berenjena y el pimiento. Corta todas las verduras en tiras y mézclalas en un bol, añadiendo un poco de aceite, sal y pimienta.

4 Corta la chapata con un cuchillo de sierra. Tuéstala ligeramente en la tostadora. Coloca sobre la base del pan las verduras asadas y aliñadas.

5 Añade el queso feta cortado en dados, tapa el bocadillo y sirve caliente o tibio.

INGREDIENTES

½ chapata
½ berenjena
½ pimiento rojo
½ cebolla
50 g de queso feta cortado en dados
aceite de oliva
pimienta
sal

Puedes utilizar otras verduras asadas, como calabacín, espárragos trigueros o calabaza.

Bocadillo de jamón con ciruelas

PREPARACIÓN

1 Corta la barra de pan de queso con un cuchillo de sierra y abre el trozo longitudinalmente.

2 Coloca en la base del pan una ciruela, añade las dos lonchas de jamón curado y termina con otra ciruela desmenuzada.

3 Tapa el bocadillo con la parte superior del pan. Pincha un pepinillo en un palillo o banderilla de madera y atraviesa el bocadillo para cerrarlo.

INGREDIENTES

¼ barra de pan de queso
2 lonchas de jamón curado
2 ciruelas pasas sin hueso
1 pepinillo en vinagre

El pan de queso aporta un mayor contraste de dulce y salado a esta receta. Ideal para aperitivos.

Bocadillo de setas con queso

PREPARACIÓN

1 Lava y corta las setas en trozos pequeños. En una sartén con un poco de aceite, saltéalas hasta que estén tiernas. Reserva.

2 En un cazo, calienta la mantequilla y añade la nata líquida. Cuando hierva, ve incorporando el queso rallado hasta que se funda. Salpimenta.

3 Aparta la salsa del fuego y viértela sobre la mezcla de setas.

4 Corta el pan a la medida deseada. Ábrelo y retira un poco de miga del centro.

5 Con una cuchara, rellena el bocadillo con la mezcla de setas con queso y tápalo con la parte superior del pan. Sirve caliente.

INGREDIENTES

½ baguete
100 g de setas frescas variadas
25 g de queso rallado
1 cucharada de nata líquida
½ cucharadita de mantequilla
aceite de oliva
pimienta
sal

Prepara este bocadillo con setas frescas en otoño o en conserva en cualquier época del año.

Chapata con pollo y pimiento

PREPARACIÓN

1 En una sartén con un poco de aceite, fríe el pimiento hasta que esté tierno. Reserva.

2 En la misma sartén, dora los filetes de pollo por ambos lados, cuidando que quedan bien cocidos por dentro. Salpimenta.

3 Abre la chapata con un cuchillo de sierra. Tuéstala ligeramente en la tostadora. Una vez tibio, unta el interior de ambas partes del pan con un poco de mostaza.

4 Coloca una loncha de jamón de York, el pimiento verde cortado a tiras y los filetes de pollo asado, también en trozos. Cierra con la parte superior de la chapata y sirve caliente.

INGREDIENTES

½ chapata
2 filetes de pechuga de pollo
1 pimiento verde
1 loncha de jamón de York
aceite de oliva
mostaza
pimienta
sal

Puedes preparar esta receta con lomo de cerdo o restos de carne asada.

Bocadillo de cebolla, beicon y queso de cabra

PREPARACIÓN

1   En una sartén con un poco de aceite, dora el beicon hasta que esté crujiente. Reserva. Pela la cebolla y córtala en aros. Lava el pimiento y córtalo en tiras.

2   En la misma sartén, fríe el pimiento verde, retira y pocha la cebolla cortada hasta que esté transparente. A continuación, baja el fuego y tapa la sartén. Deja cocer unos 10 minutos, removiendo de vez en cuando hasta que caramelice.

3   Abre el pan, unta el interior de ambas mitades con el queso de rulo de cabra. Coloca encima el beicon frito y la cebolla caramelizada. Sírvelo caliente o tibio.

INGREDIENTES

½ barra de pan a las finas hierbas
4 lonchas finas de beicon
½ pimiento verde
½ cebolla
50 g de queso de rulo de cabra
aceite de oliva

Si no tienes pan a las finas hierbas, puedes espolvorear el pan con orégano y calentarlo en el horno.

Bocadillo de salchichón y queso fresco

PREPARACIÓN

1 Corta la baguete a lo largo en tres pisos.

2 Unta la miga de las tres partes del pan con salsa pesto. Coloca en la base las lonchas de salchichón.

3 Cubre con la rebanada central y añade el queso fresco cortado.

4 Tapa con la parte superior.

INGREDIENTES

½ baguete

50 g de salchichón o salami

50 g de queso fresco cortado en lonchas

2 cucharadas de salsa pesto

Puedes sustituir la salsa pesto por unas hojitas de albahaca aliñadas con aceite y limón.

Planchado vegetal

PREPARACIÓN

1 Parte la rebanada de pan por la mitad con un cuchillo de sierra. Tuesta ambas partes ligeramente en la tostadora.

2 Con el pan caliente, coloca sobre una rebanada una loncha de queso, unas hojitas de albahaca, unas rodajas de tomate y otra loncha de queso. Repite la capa de tomate, albahaca y, de nuevo, el queso.

3 Cubre con la otra rebanada de pan y coloca el bocadillo en una plancha o sartén muy caliente, hasta que el queso se haya derretido. Sirve inmediatamente.

INGREDIENTES

1 rebanada grande de pan de payés o de pueblo
1 tomate
3 lonchas de queso emmental
hojas de albahaca

Puedes preparar este planchado con berenjenas asadas y mozzarella.

Bocadillo integral de rosbif con rúcula

PREPARACIÓN

1   Dora la carne en una cazuela con un poco de aceite. Colócala en una fuente o bandeja para el horno y salpimenta.

2   Deja cocer en el horno a 160 ºC durante 50 minutos. A mitad de cocción, voltea la pieza. Cuando esté hecha, deja que se enfríe y córtala en rodajas muy finas.

3   Abre la barra de pan, úntala con salsa tártara, coloca unas lonchas de rosbif y, encima, las hojas de rúcula bien lavadas. Cubre con la parte superior del pan.

INGREDIENTES

1 barrita de pan integral con cereales

200 g de lomo alto de ternera deshuesado en un trozo

2 cucharadas de salsa tártara

hojas de rúcula

aceite de oliva

pimienta

sal

El rosbif es delicioso reposado. Prepáralo al menos con un día de antelación y resérvalo en el frigorífico unas horas.

Bocadillo vegetal de pollo y jamón

PREPARACIÓN

1 Pela la cebolla y córtala en juliana fina. Ponla a pochar en una sartén con un fondo de aceite a fuego lento, al menos, 15 minutos o hasta que caramelice. Resérvala.

2 Lava la lechuga y el tomate. Corta la lechuga en trozos y el tomate a rodajas.

3 Abre el mollete y unta la base con mostaza. Coloca encima la cebolla caramelizada, las lonchas de fiambre de pollo y el jamón de York. Termina con las rodajas de tomate y unos trozos de lechuga.

4 Tapa el mollete y pásalo por la plancha o una sartén antiadherente 2 minutos por cada lado, hasta que esté tostado. Sirve caliente.

INGREDIENTES

1 mollete
50 g de fiambre de pechuga de pollo
30 g de jamón de York
2 hojas de lechuga
1 tomate
1 cebolla
1 cucharada de mostaza
aceite de oliva

El punto óptimo del mollete se obtiene al tostarlo. Prepara este bocadillo con antelación y pásalo por la plancha justo antes de servir.

Chapata de cerdo con verduras

PREPARACIÓN

1 Precalienta el horno a 120 ºC. En un mortero, maja el ajo con el pimentón, el orégano, el azúcar moreno y la mostaza. Mezcla bien hasta obtener una pasta. Sala el lomo y cúbrelo con esta pasta.

2 Pela la cebolla y córtala a cuadraditos. Reserva unos cuantos. Vierte el aceite en una cazuela, añade el resto de la cebolla, coloca encima el lomo y cubre con el caldo. Deja cocer, al menos, 1 hora. Dale la vuelta a la carne y deja cocer otra hora más o hasta que esté muy tierna. Retira del horno y deshilacha la carne.

3 Lava la escarola, el tomate y la zanahoria, y córtalo todo fino. Añade la cebolla y aliña al gusto.

4 Monta el bocadillo con la carne de cerdo en la base y, encima, la ensalada aliñada.

INGREDIENTES

1 panecillo de chapata
200 g de lomo de cerdo en una pieza
100 ml de caldo de pollo
½ zanahoria pequeña
1 cebolla morada
1 tomate
1 hoja de escarola
1 diente de ajo
1 cucharadita de pimentón
1 cucharadita de orégano
1 cucharadita de azúcar moreno
1 cucharadita de mostaza
3 cucharadas de aceite de oliva
sal

El cerdo deshilachado también se sirve en ensaladas o con arroz. Prepara una pieza mayor para utilizarlo en otras recetas.

Bocadillo vegetal

PREPARACIÓN

1 Limpia y pela todas las verduras.

2 Corta en tiras gruesas la berenjena, la cebolla, el calabacín y el pimiento, y colócalos en una fuente de horno. Salpimenta y añade un chorrito de aceite de oliva por encima. Deja cocer a 180 ºC durante 20 minutos.

3 Cuando estén las verduras asadas, déjalas enfriar y pélalas, retirando las semillas que hayan podido quedar.

4 Abre el pan y coloca las verduras asadas sobre la base. Tapa con la parte superior del pan.

INGREDIENTES

½ baguete
½ calabacín
½ pimiento rojo
½ berenjena
½ cebolla morada
aceite de oliva
pimienta
sal

También puedes preparar este bocadillo con cualquier tipo de verduras a la plancha.

Planchado vegetal con pollo

PREPARACIÓN

1 Salpimenta los filetes de pollo y pásalos por la plancha o por la sartén con unas gotas de aceite de oliva, hasta que estén dorados por fuera y bien hechos por dentro. Déjalos enfriar y córtalos en lonchas muy finas.

2 Lava los tomates cherry y la lechuga. Corta los tomates en rodajas y la lechuga en trozos no muy grandes. Parte la rebanada de pan por la mitad y rocía con un poco de aceite de oliva el interior de dos rebanadas. Añade el pollo, los tomates y la lechuga.

3 Tapa el bocadillo y pásalo por la plancha hasta que esté tostado por ambos lados, ejerciendo presión con una espátula para «plancharlo».

INGREDIENTES

2 rebanadas de pan
  de pueblo o de payés
½ pechuga de pollo fileteada
2 tomatitos cherry
1 hoja de lechuga
aceite de oliva
pimienta
sal

Puedes sustituir la pechuga de pollo asada por fiambre de pollo.

Sándwich Caprese

PREPARACIÓN

1 Prepara la salsa pesto. Lava la albahaca y sécala con papel de cocina. Májala en el mortero junto con los piñones, el queso parmesano y el aceite de oliva.

2 Abre el panecillo y unta el interior de ambas partes con la salsa pesto.

3 Coloca el jamón en la base del pan y cubre con el queso de rulo de cabra.

4 Termina poniendo la parte superior del panecillo para montar el bocadillo.

INGREDIENTES

1 panecillo de Viena

50 g de queso de rulo de cabra

100 g de jamón serrano

50 ml de aceite de oliva

25 g de piñones

25 g de albahaca fresca

30 g de queso parmesano rallado

Si quieres más sabor, puedes calentar el bocadillo en una sartén o a la plancha.

Planchado mixto de jamón serrano

PREPARACIÓN

1 Corta el jamón serrano en trozos o tiras.

2 Coloca sobre una rebanada de pan dos lonchas de queso cheddar, añade encima los trozos de jamón y termina cubriendo con las dos lonchas de queso sobrantes.

3 Pon la otra rebanada de pan sobre el bocadillo. Ciérralo bien y pásalo por la plancha hasta que el queso se haya derretido y el pan esté tostado. Sirve inmediatamente.

INGREDIENTES

2 rebanadas de pan
 de pueblo o de payés
4 lonchas de queso cheddar
2 lonchas de jamón serrano

El cheddar es un queso untuoso británico, con un ligero toque picante, que se caracteriza por su intenso color amarillo.

Bocadillo de cerdo a la barbacoa

PREPARACIÓN

1 Precalienta el horno a 120 ºC. En un mortero, maja el ajo con el pimentón, el orégano, el azúcar moreno y la mostaza. Mezcla bien hasta obtener una pasta. Sala el lomo y cúbrelo con esta pasta.

2 Pela la cebolla y córtala en rodajas. Vierte el aceite en una cazuela, añade la cebolla, coloca encima el lomo y cubre con el caldo. Deja cocer al menos 1 hora. Dale la vuelta a la carne y deja cocer al menos 1 hora más, hasta que esté muy tierna. Retira del horno y deshilacha la carne.

3 En una sartén con un poco de aceite, dora la cebolla cortada en juliana.

4 Abre el panecillo y unta la base con un poco de salsa barbacoa. Añade el cerdo desmenuzado y la cebolla frita. Tapa el bocadillo.

INGREDIENTES

1 panecillo de semillas
200 g de lomo de cerdo en una pieza
100 ml de caldo de pollo
1 cebolla
1 diente de ajo
1 cucharadita de pimentón
1 cucharadita de orégano
1 cucharadita de azúcar moreno
1 cucharadita de mostaza
100 ml de aceite de oliva
2 cucharadas de salsa barbacoa
sal

También puedes preparar este bocadillo con mozzarella o queso provolone fundido.

Minihamburguesas con mozzarella al tomillo

PREPARACIÓN

1 En una fuente, mezcla la carne picada con una pizca de tomillo picado, sal y pimienta.

2 Calienta el aceite en una sartén. Divide la carne picada en cuatro porciones y forma una bola con cada una de ellas. Aplástala con las palmas de las manos para formar las miniburgers. Pásalas por la sartén hasta que estén doradas.

3 Abre los panecillos y coloca una hamburguesa en cada uno de ellos con una rodaja de mozzarella.

4 Tapa las minihamburguesas con la parte superior de los panecillos, pincha con un palillo para que no se desmonten y sirve inmediatamente.

INGREDIENTES

4 minipanecillos de hamburguesa
200 g de carne de ternera picada
4 rodajas de mozzarella fresca
1 cucharada de aceite de oliva
tomillo
pimienta
sal

Completa estas minihamburguesas con cebolla caramelizada y unos tomates cherry cortados en láminas.

Hamburguesa de remolacha

PREPARACIÓN

1 Corta la remolacha en trozos y ponla en el vaso de la batidora con el arroz cocido, la mitad del huevo batido, el queso en polvo y el pan rallado. Salpimenta y tritura.

2 Forma la hamburguesa y déjala reposar en el frigorífico 30 minutos.

3 Escurre bien las alubias y ponlas en el vaso de la batidora junto con el cebollino lavado y cortado, la pasta de sésamo, una cucharada de aceite y una pizca de sal. Tritura hasta obtener una pasta.

4 Cuece la hamburguesa en la sartén con el resto del aceite 3 minutos por cada lado.

5 Abre el panecillo y coloca la hamburguesa en la base. Lava el tomate, córtalo a rodajas y colócalas sobre la hamburguesa. Termina con una hoja de lechuga lavada y tapa con la parte superior del panecillo.

INGREDIENTES

1 panecillo de semillas
50 g de remolacha hervida
50 g de arroz integral cocido
1 huevo
1 tomate
1 hoja de lechuga
75 g de alubias cocidas
1 cucharada de queso parmesano en polvo
1 cucharada de pan rallado
2 cucharadas de aceite de oliva
1 cucharadita de pasta de sésamo (tahini)
cebollino picado
pimienta
sal

Puedes sustituir el arroz integral por la quinoa, que complementa el sabor de la remolacha.

Hamburguesa vegana de quinoa y espinacas

PREPARACIÓN

1 Si las lentejas son envasadas, pásalas por el chorro de agua del grifo. Escúrrelas bien. Lava las espinacas, hiérvelas y escúrrelas.

2 Pela la zanahoria y el diente de ajo, córtalo todo en trozos y sofríelo en una sartén con un poco de aceite de oliva. En un bol grande, mezcla las lentejas, la quinoa, el maíz, las espinacas, las aceitunas cortadas, el pan rallado y el sofrito. Sala y prepara una bola. Aplástala para formar la hamburguesa.

3 Abre el panecillo y coloca una rodaja de tomate en la base.

4 Pasa la hamburguesa por la sartén con un poco de aceite muy caliente, hasta que esté dorada por ambos lados.

5 Coloca la hamburguesa en el bocadillo y añade una rodaja de cebolla y la espinaca fresca. Tapa con la parte superior del pan y sirve.

INGREDIENTES

1 panecillo integral
100 g de espinacas
50 g de lentejas cocidas
50 g de quinoa cocida
1 zanahoria
2 hojas de espinacas frescas
½ cebolla roja
½ tomate
1 cucharada de maíz dulce
1 cucharada de aceitunas
    negras sin hueso
½ diente de ajo
aceite de oliva
1 cucharada de pan rallado
sal

Una combinación vegetal llena de proteínas y sabor.

Hamburguesa de pavo con arándanos

PREPARACIÓN

1 Corta la pechuga de pavo en trozos. Tritúrala con la picadora con un poco de perejil, pimienta y sal. Prepara una hamburguesa con esta masa.

2 En un cazo, pon a cocer los arándanos lavados con el azúcar, el zumo de naranja y una cucharada de agua mineral a fuego lento. Cuando arranque el hervor, deja cocer quince minutos más, hasta que los arándanos se hayan ablandado.

3 Calienta una sartén con un poco de aceite. Fríe la hamburguesa hasta que esté hecha por ambos lados.

4 Abre el panecillo y coloca la hamburguesa sobre la base. Cubre con los arándanos y unas tiras de lechuga.

5 Tapa con la parte superior del panecillo y sirve caliente.

INGREDIENTES

1 panecillo de semillas
100 g de pechuga de pavo
50 g de arándanos rojos
25 g de azúcar
1 cucharada de zumo
* de naranja*
1 hoja de lechuga
aceite de oliva
perejil
pimienta
sal

¿Quieres sorprender a tus invitados con un aperitivo original? Prepara esta receta con minihamburguesas.

Hamburguesa con huevo y espárragos

PREPARACIÓN

1 En un bol grande, mezcla la carne picada con sal y pimienta. Con las manos, forma una hamburguesa, aplastándola.

2 Lava los espárragos. Pela la cebolla y córtala en rodajas.

3 Calienta una sartén con un poco de aceite y fríe la hamburguesa hasta que esté bien hecha.

4 En otra sartén, dora la cebolla en un poco de aceite. Cuando tome color, retírala y fríe los espárragos. Resérvalos y añade un poco más de aceite en esta sartén para freír los huevos de codorniz. Retira cuando estén hechos.

5 Abre el panecillo y unta la base con la mostaza. Coloca la lechuga, la hamburguesa, la cebolla frita, los huevos fritos y los espárragos.

6 Tapa el bocadillo montado y sirve caliente.

INGREDIENTES

1 panecillo de Viena
100 g de carne de ternera picada
3 espárragos trigueros
2 huevos de codorniz
½ cebolla
1 hoja de lechuga hoja de roble
1 cucharada de mostaza
aceite de oliva
pimienta
sal

Puedes sustituir los huevos de codorniz por uno de gallina.

Hamburguesa a las dos cebollas con roquefort

PREPARACIÓN

1 En un bol grande, mezcla la carne picada con sal y pimienta. Forma una hamburguesa.

2 Pela la cebolla blanca y córtala en aros finos. Añade un poco de agua al preparado de harina hasta conseguir una pasta algo líquida. Reboza los aros y fríelos en abundante aceite caliente.

3 Pela la cebolla roja y córtala en juliana. Póchala en una cazuela con un fondo de aceite de oliva hasta que tome color y quede caramelizada, unos 20 minutos.

4 Calienta una sartén con un poco de aceite y fríe la hamburguesa hasta que esté bien hecha. Cuando aún esté caliente, coloca el queso desmenuzado encima para que se derrita.

5 Abre el panecillo y coloca una capa de cebolla roja caramelizada, la hamburguesa con el roquefort y cubre con los aros de cebolla rebozados. Tapa el panecillo y sirve caliente.

INGREDIENTES

1 panecillo con semillas
150 g de carne de ternera picada
1 cebolla pequeña roja
1 cebolla pequeña blanca
50 g de queso roquefort
30 g de preparado de harina para rebozar sin huevo
aceite de oliva
pimienta
sal

La combinación de sabores y texturas hacen de esta receta un placer para los sentidos.

Hamburguesa de pan negro y salmón ahumado con queso

PREPARACIÓN

1 Lava las hojas de rúcula. Desecha los tallos y las partes más duras. Pon una olla con agua a hervir con la rúcula, tapada. Cuando arranque el hervor, retira con una espumadera las hojas.

2 Corta el salmón en trozos medianos.

3 Abre el panecillo y tuéstalo ligeramente en la tostadora.

4 Unta la base con la crema de queso. Coloca encima la rúcula cocida y termina poniendo el salmón ahumado.

5 Tapa el panecillo y sirve tibio o frío.

INGREDIENTES

1 panecillo de pan negro
100 g de salmón ahumado
50 g de rúcula
50 g de crema de queso blanco para untar

¿Sabías que el color negro de estos panecillos suele lograrse con tinta de calamar?

Hamburguesa de pescado con col

PREPARACIÓN

1 Desmenuza el pescado. Maja con el mortero el ajo con el perejil cortado y lavado. Mézclalo con el pescado. Sazona.

2 Corta la cebolla en juliana y dórala en una sartén. Cuando tome color y se ablande, añádela al pescado y remueve bien de nuevo la masa.

3 Bate el huevo y viértelo sobre la mezcla de pescado. Añade también el pan rallado y remueve de nuevo.

4 En una sartén con aceite caliente, pocha la col, agitando de vez en cuando.

5 Forma una hamburguesa con esta masa y fríela en la sartén hasta que quede dorada por fuera.

6 Abre el panecillo, pon la col pochada y la hamburguesa de pescado. Corta la cebolleta y colócala encima. Tapa y sirve caliente.

INGREDIENTES

1 panecillo redondo
150 g de pescado blanco limpio sin piel ni espinas (merluza, pescadilla...)
½ cebolla mediana
½ diente de ajo
1 huevo
25 g de pan rallado
1 hoja de col picada
1 cebolleta
aceite de oliva
perejil fresco
sal

Puedes mezclar distintos tipos de pescado en la hamburguesa o añadir unas gambitas a la cebolleta troceada.

Bocaditos de jamón y queso a las finas hierbas

PREPARACIÓN

1 Abre los panecillos y tuéstalos en la tostadora. Lava el tomate y córtalo en rodajas finas.

2 En un bol, mezcla el tomillo picado con un poco de aceite de oliva y sal. Reserva.

3 Unta la parte superior de los panecillos con queso (estos bocaditos se presentan con los panes al revés). Coloca esta mitad del pan como base y pon encima una rodaja de tomate.

4 Añade una loncha de jamón serrano doblada y vierte un poco del aliño de tomillo por encima.

5 Tapa el minibocadillo con la parte inferior del pan, boca abajo.

INGREDIENTES

2 minipanecillos redondos
2 lonchas de jamón serrano
50 g de crema de queso fresco
*   para untar*
1 tomate
tomillo
aceite de oliva
sal

También puedes preparar estos bocaditos con cualquier queso blando, como brie o rulo de cabra.

Bocadillo de pollo con espinacas y mozzarella

PREPARACIÓN

1 Salpimenta la pechuga y dórala en una sartén con un poco de aceite de oliva. Deja enfriar y córtala en rodajas finas.

2 Corta el panecillo con un cuchillo de sierra y coloca en la base unas hojas de espinacas lavadas, la lámina de queso cheddar, una nueva capa de espinacas frescas y la rodaja de mozzarella fresca.

3 Tapa y sirve, frío o caliente.

INGREDIENTES

1 panecillo de semillas

½ pechuga de pollo

50 g de hojas frescas de espinacas

1 lámina de queso cheddar

1 rodaja de mozzarella fresca

aceite de oliva

pimienta

sal

La mezcla de quesos le da suavidad y contraste de sabores. Poténcialos con un golpe de calor antes de servir.

Hamburguesa con beicon y queso cheddar

PREPARACIÓN

1   En un bol grande, mezcla la carne picada con sal y pimienta. Dale forma de hamburguesa.

2   Calienta una sartén con un poco de aceite y fríe la hamburguesa hasta que esté bien hecha. Cuando aún esté caliente, coloca el queso cheddar encima para que se derrita.

3   En la misma sartén, dora el beicon hasta que esté crujiente.

4   Abre el panecillo, unta con un poco de mayonesa la base y coloca la hamburguesa con el queso y el beicon encima. Tapa y sirve caliente.

INGREDIENTES

1 panecillo de semillas
200 g de carne de ternera picada
2 lonchas de queso cheddar
3 lonchas de beicon cortadas muy finas
aceite de oliva
mayonesa
pimienta
sal

El beicon caliente hará que el queso se derrita en cuanto montes el bocadillo.

Hamburguesa vegana de lentejas

PREPARACIÓN

1 Lava las lentejas bajo el chorro de agua del grifo y escúrrelas bien. Con la batidora, tritúralas hasta obtener una masa fina.

2 Pela la manzana y corta la mitad, deshuesada, en láminas finas.

3 Pela la cebolla y el ajo, y pícalo todo finamente. Sofríe la mezcla en una sartén con un poco de aceite de oliva y, cuando tome color, añade la pasta de lentejas. Salpimenta y añade una pizca de comino molido y el pan rallado, y mézclalo de nuevo todo bien. Deja reposar 30 minutos.

4 Pon una sartén con aceite a calentar a fuego medio. Da forma de hamburguesa a la masa reservada. Fríela por ambos lados.

5 Abre el panecillo y coloca en la base unas hojas de lechuga, unas láminas de manzana, la hamburguesa y una nueva capa de lechuga. Tapa con la parte superior del panecillo.

INGREDIENTES

1 panecillo redondo de centeno
100 g de lentejas cocidas
½ manzana
1 diente de ajo
½ cebolla
½ cucharadita de pan rallado
2 hojas de lechuga hoja de roble
comino molido
aceite de oliva
pimienta
sal

Las hamburguesas de lentejas deben freírse en poco aceite para que no queden demasiado grasas.

Chapata de pollo al roquefort

PREPARACIÓN

1   Salpimenta la pechuga y ásala a la plancha con unas gotas de aceite hasta que esté dorada.

2   Lava la rúcula y desecha los tallos. Lava el tomate y el pepino, y córtalos en rodajas finas.

3   Corta la chapata con un cuchillo de sierra y unta la base con un poco de mostaza o mayonesa, al gusto. Coloca las hojas de rúcula, las rodajas de pepino y tomate y las lonchas de queso.

4   Pon encima la pechuga y termina con el roquefort desmenuzado por encima.

5   Tapa y sirve con más salsa aparte (mostaza o mayonesa, en función de lo que hayas elegido para elaborar este bocadillo).

INGREDIENTES

1 chapata pequeña
½ pechuga de pollo
½ pepino
½ tomate
25 g de queso roquefort
2 lonchas de queso
  para sándwich
hojas de rúcula
mostaza o mayonesa
aceite de oliva
pimienta
sal

Esta deliciosa y ligera chapata también puede prepararse con queso fresco o azul.

Hamburguesa de buey con kimchi

PREPARACIÓN

1 En un bol grande, mezcla la carne picada con sal y pimienta.

2 Calienta una sartén con un fondo de aceite. Pela la cebolla y trocéala. Póchala en la sartén hasta que coja color y se ablande. Retira, añádela a la carne y remueve bien.

3 Con las manos, prepara la hamburguesa. Fríela en una sartén o plancha con aceite hasta que esté bien dorada.

4 Mezcla en un bol la mayonesa y el kétchup con un tenedor para preparar la salsa rosa.

5 Abre el panecillo y úntalo con la salsa rosa. Pon la hamburguesa encima y cubre con el kimchi.

6 Unta con salsa rosa la mitad superior del panecillo y sirve destapada.

INGREDIENTES

1 panecillo redondo integral
150 g de carne de buey
  picada
1 cebolla pequeña
2 cucharadas de kimchi
2 cucharadas de mayonesa
1 cucharada de kétchup
aceite de oliva
pimienta
sal

El kimchi es una receta coreana a base de col china fermentada. Puedes utilizar cebolla pochada en su lugar.

Hamburguesa con queso azul y beicon

PREPARACIÓN

1 En un bol grande, mezcla la carne picada con sal y pimienta. Con las manos, prepara la hamburguesa. Fríela en una sartén o plancha con aceite hasta que esté bien dorada.

2 En la misma sartén, añade un poco de aceite y fríe el beicon hasta que esté crujiente.

3 Lava la lechuga y el tomate. Córtalo en rodajas.

4 Abre el panecillo y tuéstalo ligeramente. Coloca en la base una hoja de lechuga, una o dos rodajas de tomate, la hamburguesa, el queso azul desmenuzado y el beicon cortado en trozos.

5 Tapa y sirve caliente.

INGREDIENTES

1 panecillo de Viena
150 g de carne de ternera picada
1 loncha de beicon
50 g de queso azul
½ tomate
1 hoja de lechuga rizada
aceite de oliva
pimienta
sal

Si quieres una hamburguesa más completa, añade una cucharada de cebolla frita.

Hamburguesa de salmón con espinacas

PREPARACIÓN

1 Desmenuza el salmón. Maja en el mortero el ajo con un poco de perejil y añádelo al pescado. Sala ligeramente.

2 Pela la cebolla y córtala muy fina. Póchala en una sartén con aceite hasta que tome color y se ablande. Añádela al salmón y remueve de nuevo.

3 Bate el huevo y añade la mitad a la mezcla del bol. Lava las espinacas frescas y agrégalas también, junto con el pan rallado. Mezcla todo bien y dale forma de hamburguesa.

4 Vierte un poco de aceite en una sartén y fríe la hamburguesa hasta que esté dorada.

5 Abre el panecillo, úntalo con mayonesa y coloca encima la hamburguesa. Decora con la albahaca y sirve caliente.

INGREDIENTES

1 chapata pequeña
100 g de salmón fresco sin piel ni espinas
50 g de espinacas frescas
½ cebolla
½ diente de ajo
1 huevo
1 cucharada de pan rallado
2 cucharadas de mayonesa
2 hojas de albahaca
perejil fresco
aceite de oliva
sal

También puedes servir esta hamburguesa con salsa tártara en lugar de mayonesa.

Hamburguesa picante de pollo

PREPARACIÓN

1 Corta la pechuga en trozos y tritúrala un poco con la picadora. Salpimenta.

2 Calienta una sartén con un poco de aceite. Con las manos, da forma de hamburguesa a la masa y fríela hasta que quede dorada.

3 Lava el pepino y, con la mandolina, corta unas láminas muy finas. Lava la lechuga y trocéala. Pela la cebolla y corta unas rodajas muy finas. Resérvalo todo.

4 Abre el panecillo y tuéstalo un poco en la tostadora. Coloca en la base del panecillo una hoja de lechuga, un poco de cilantro picado, la hamburguesa, unas rodajas de cebolla, las láminas de pepino y unos trocitos pequeños de chile, si te gusta el picante. Tapa y sirve caliente.

INGREDIENTES

1 panecillo redondo de semillas
½ pechuga de pollo
1 hoja de lechuga
½ cebolla morada
1 pepino
1 chile picante
cilantro
aceite de oliva
pimienta
sal

Puedes utilizar calabacín crudo como alternativa al pepino.

Hamburguesa con queso y arándanos

PREPARACIÓN

1 Lava la lechuga y córtala en trozos medianos.

2 En un cazo, pon a cocer a fuego lento los arándanos lavados con el azúcar, el zumo de naranja y una cucharada de agua mineral. Cuando arranque el hervor, deja cocer 15 minutos más, hasta que los arándanos se hayan ablandado.

3 Salpimenta la carne picada y dale forma de hamburguesa con las manos.

4 Calienta una sartén con un poco de aceite. Fríe la hamburguesa hasta que esté bien dorada.

5 Abre el panecillo y coloca en la base la mitad de la lechuga. Añade una cucharada de mermelada de arándanos, extendiéndola bien. Pon encima la hamburguesa caliente, la loncha de queso y otra cucharada de mermelada de arándanos. Termina con el resto de lechuga y tapa con la mitad superior del panecillo.

INGREDIENTES

1 panecillo de hamburguesa

150 g de carne de ternera picada

1 hoja de lechuga

1 loncha de queso cheddar

50 g de arándanos rojos

25 g de azúcar

1 cucharada de zumo de naranja

aceite de oliva

pimienta

sal

Puedes sustituir la mermelada de arándanos por otra de tomate o de cebolla.

Hamburguesa a la salsa de ajo

PREPARACIÓN

1   Salpimenta la carne picada y dale forma de hamburguesa con las manos.

2   Calienta una sartén con una cucharada de aceite. Fríe la hamburguesa hasta que esté bien dorada. Mientras, lava la lechuga; pela la cebolla y córtala en rodajas finas. A continuación, lava el pepino y lamínalo.

3   Vierte el resto del aceite en el vaso de la batidora, añade el huevo, una pizca de sal y medio diente de ajo pelado. Bate a velocidad máxima sin mover la batidora hasta que emulsione.

4   Abre el panecillo con un cuchillo de sierra y coloca la lechuga en la base. Pon encima la hamburguesa caliente con la loncha de queso. Reparte rodajas de pepino y cebolla, y cubre con la mayonesa de ajo. Tapa con la parte superior del panecillo y sirve caliente.

INGREDIENTES

1 panecillo de hamburguesa
150 g de carne de ternera picada
1 hoja de lechuga
½ cebolla morada
½ pepino
1 loncha de queso para sándwich
60 ml de aceite
1 huevo
½ diente de ajo
sal

Completa esta deliciosa hamburguesa con un huevo duro cortado a rodajas.

Hamburguesa con huevo escalfado

1 Salpimenta la carne picada y forma con ella una hamburguesa.

2 Calienta un poco de aceite en una sartén y fríe la hamburguesa hasta que esté bien dorada por ambos lados.

3 Abre el panecillo en dos mitades. Coloca la loncha de queso cheddar en la base y esparce el kétchup encima. Añade la hamburguesa.

4 En un cazo con agua muy caliente, escalfa el huevo 4 minutos, controlando la temperatura para que el agua no llegue a hervir. Retira el huevo con una espátula y colócalo sobre la hamburguesa.

5 Tapa con la parte superior del panecillo con cuidado para que el huevo no se rompa y sirve caliente.

INGREDIENTES

1 panecillo redondo
150 g de carne de ternera picada
1 huevo
1 loncha de queso cheddar
1 cucharada de kétchup
aceite de oliva
pimienta
sal

Si prefieres los sabores contundentes, puedes freír el huevo en lugar de escalfarlo.

Hamburguesa con rúcula y piñones

PREPARACIÓN

1 En un bol grande, mezcla la carne picada con sal y pimienta.

2 Calienta una sartén con un fondo de aceite. Pela la cebolla y pícala a trozos. Ponla a pochar en la sartén hasta que coja color y se ablande. Retira, añádela a la carne y remueve bien.

3 Con las manos, prepara la hamburguesa. Fríela en una sartén o plancha con aceite hasta que esté bien dorada.

4 Abre el panecillo y tuéstalo ligeramente en la parrilla o con la tostadora. Coloca en la base del pan la hamburguesa, añade dos cucharadas de mayonesa y las hojas de rúcula lavadas y secas. Termina añadiendo los piñones y tapa con la parte superior del panecillo. Sirve caliente.

INGREDIENTES

1 panecillo de semillas
150 g de carne de ternera picada
½ cebolla
1 cucharadita de piñones
1 cucharada de mayonesa
hojas de rúcula
aceite de oliva
pimienta
sal

Puedes sustituir los piñones por otros frutos secos: nueces, avellanas, almendras fileteadas...

Hamburguesa con brie y salsa de remolacha

PREPARACIÓN

1   Lava la remolacha, desecha las hojas y ponla a cocer a fuego fuerte en una cazuela, cubierta de agua fría, con una pizca de sal y otra de azúcar. Cuando arranque el hervor, baja a fuego medio y cuece 15 minutos más. Deja enfriar antes de pelar y triturar.

2   En un bol grande, mezcla la carne picada con sal y pimienta. Calienta una sartén con un fondo de aceite. Pela la cebolla y trocea la mitad. Ponla a pochar en la sartén hasta que coja color y se ablande. Retira, añádela a la carne y remueve bien.

3   Dale forma de hamburguesa y fríela hasta que esté dorada.

4   Lava la lechuga y sécala. Corta en aros la media cebolla restante. Abre el panecillo, tuéstalo un poco en la tostadora y coloca la lechuga en la base. Pon encima la hamburguesa, unos aros de cebolla, el queso brie y cubre con la salsa de remolacha. Coloca encima la parte superior del pan y sirve caliente.

INGREDIENTES

1 panecillo redondo
150 g de carne de ternera picada
1 remolacha
50 g de queso brie
1 hoja de lechuga rizada
½ cebolla
aceite de oliva
pimienta
1 cucharadita de azúcar
sal

Puedes sustituir la salsa de remolacha por mermelada de frutos rojos.

Sándwich integral de jamón ibérico y queso

PREPARACIÓN

1. Lava y seca la lechuga y el tomate. Corta este último en rodajas finas.

2. Pon el huevo en un cazo con agua fría y llévalo a ebullición. Cuece 10 minutos, retíralo y déjalo enfriar antes de cortarlo en rodajas.

3. Monta el bocadillo con una base de lechuga sobre una rebanada de pan. Enrolla tres lonchas de jamón y colócalas encima. Pon la loncha de queso sobre el jamón y, sobre él, las rodajas de huevo duro. Termina con otra capa de lechuga antes de tapar con la otra rebanada de pan de molde.

INGREDIENTES

- 2 rebanadas de pan de molde integral
- 3 lonchas de jamón ibérico
- 3 hojas de lechuga rizada
- 1 loncha de queso para sándwich
- 1 tomate pequeño
- 1 huevo

¿Buscas algo aún más ligero? Sustituye el jamón ibérico por fiambre de pavo o pollo.

Sándwich caliente de tomate y mozzarella

PREPARACIÓN

1 Lava el tomate y córtalo en rodajas finas. Pela la cebolla y pícala en trozos pequeños.

2 Coloca sobre una rebanada de pan de molde la mitad de la mozzarella, unas hojas de rúcula, unas rodajas de tomate, unos trozos de cebolla y un poco más de rúcula.

3 Termina con el resto de la mozzarella sobre el relleno y tapa con la rebanada de pan reservada. Calienta la plancha y pasa el sándwich hasta que se derrita el queso y el pan quede tostado.

4 Corta el sándwich en triángulos y sirve enseguida.

INGREDIENTES

2 rebanadas de pan de molde
50 g de mozzarella rallada o en lonchas
hojas de rúcula
½ tomate
½ cebolla morada

Para un sándwich más completo, añádele un poco de jamón o pechuga de pollo a la plancha.

Sándwich integral de tortilla de calabacín

PREPARACIÓN

1 Pela el calabacín y córtalo en rodajas. Fríelo en una sartén con un poco de aceite hasta que esté tierno. Salpimenta y reserva.

2 Bate los huevos en un bol y añade el calabacín. Mezcla bien y vierte la mezcla en una sartén antiadherente a fuego medio para cuajar la tortilla. Dórala por ambos lados y retírala cuando esté hecha.

3 Corta la tortilla a medida del pan y colócala sobre una rebanada. Pon encima la loncha de queso, la lechuga y las rodajas de tomate. Tapa con la otra rebanada de pan, corta el sándwich en dos triángulos y mantenlos cerrados con dos palillos.

INGREDIENTES

2 rebanadas de pan de molde integral

2 huevos

½ calabacín

1 loncha de queso para sándwich

1 tomate

1 hoja de lechuga

aceite de oliva

pimienta

sal

Puedes preparar la tortilla con la verdura que más te guste: cebolla, judías verdes, espárragos...

Focaccia de rosbif y huevo duro

PREPARACIÓN

1 Dora la carne en una cazuela con un poco de aceite. Colócala en una fuente o bandeja para el horno y salpimenta.

2 Deja cocer en el horno a 160 ºC durante 40 minutos. A mitad de cocción, voltea la pieza. Cuando esté hecha, deja que se enfríe y córtala en filetes muy finos.

3 Abre la focaccia y rellénala con unas lonchas de rosbif, unas rodajas de huevo cocido, los pepinillos en vinagre cortados finos, una loncha de queso y un poco de mostaza.

4 Cierra la focaccia y caliéntala en el horno o en la plancha hasta que el queso se derrita.

5 Sirve inmediatamente.

INGREDIENTES

1 focaccia pequeña

150 g de lomo de cerdo en una pieza

3 pepinillos en vinagre

1 huevo cocido

2 lonchas de queso fundido

1 cucharada de mostaza a la antigua

aceite de oliva

pimienta

sal

El queso debe ser fundente y un poco graso para que se derrita al calentarse.

Sándwich integral de remolacha, aguacate y berros

PREPARACIÓN

1 Lava la remolacha, desecha las hojas y ponla a cocer a fuego fuerte en una cazuela, cubierta de agua fría, con una pizca de sal y otra de azúcar. Cuando arranque el hervor, baja a fuego medio y deja cocer 15 minutos más. Deja enfriar antes de pelar y cortar en rodajas finas.

2 Abre el aguacate a lo largo con un cuchillo afilado, quita el hueso y, con una cucharilla, retira la pulpa de la piel. Aplástala con una cuchara hasta conseguir una pasta.

3 Unta una rebanada de pan con el queso fresco, extendiéndolo bien, y coloca encima unas rodajas de remolacha cocida. Pon los berros lavados y secos encima.

4 Unta la otra rebanada con la pasta de aguacate y monta el sándwich con cuidado.

INGREDIENTES

2 rebanadas de pan de molde integral
1 remolacha
1 aguacate
50 g de queso fresco para untar
50 g de berros
azúcar
sal

¿Quieres un plus de sabor? Añade al aguacate unos anacardos tostados y picados.

Sándwich tostado de picadillo de huevo

1 Prepara la mayonesa vertiendo el aceite en el vaso de la batidora, con uno de los huevos y una pizca de sal. Bate a máxima velocidad hasta que emulsione la salsa.

2 Pela la cebolla y pícala muy fina. Cuece el otro huevo diez minutos y deja enfriar. Pélalo y pícalo muy finamente con un cuchillo.

3 Mezcla el huevo con dos cucharadas de cebolla picada y dos de mayonesa hasta conseguir una pasta espesa.

4 Tuesta el pan en una parrilla a fuego fuerte o en una tostadora. Deja que se enfríe. Unta una rebanada con el picadillo de huevo. Lava la lechuga, córtala en trozos y colócala sobre el relleno. Tapa el sándwich con la otra rebanada tostada.

INGREDIENTES

2 rebanadas de pan de molde
2 huevos
2 hojas de lechuga
½ cebolla
50 ml de aceite de oliva
sal

Añade unos pepinillos en vinagre picados a la mezcla de huevo y tendrás un sándwich tártaro.

Bocadillo de pollo rebozado

PREPARACIÓN

1 Pon aceite a calentar en una sartén. Sazona el pollo. Bate el huevo en un plato y añade una pizca de sal. Vierte el pan rallado en otro plato. Pasa el pollo primero por el huevo batido y después por el pan rallado para empanarlo. Fríelo en la sartén con cuidado para que no se queme.

2 Abre el tomate y corta una mitad en rodajas. Ralla la otra mitad y fríelo en otra sartén limpia con un poco de aceite y sal. Lava la lechuga y el pepino, y corta este en rodajas.

3 Abre el panecillo y unta la base con el tomate frito, esparciéndolo bien sobre la miga. Coloca encima la lechuga cortada en trozos, las rodajas de pepino y tomate, y el pollo rebozado. Cierra y sirve caliente o frío.

INGREDIENTES

1 panecillo rústico
½ pechuga de pollo
1 huevo
100 g de pan rallado
1 hoja de lechuga
1 tomate
½ pepino
aceite de oliva
sal

Una receta estupenda para aprovechar pollo empanado de una comida anterior.

Índice de recetas